混声合唱とピアノのための組曲

天使のいる構図

谷川俊太郎 作詩

松本 望 作曲

カワイ出版

混声合唱とピアノのための組曲

天使のいる構図

この「組曲『天使のいる構図』」は、もともと男声合唱とピアノという編成で作曲したもので、2009年8月に大阪で行われた演奏会「The Premiere」にて初演されました。初めての男声合唱曲の作曲ということで、自分なりに男声ならではの音色をイメージして書いたつもりでしたが、私自身がもともと混声畑（？）出身の人間ということもあり、作曲をしている間、女声が一緒に頭の中で鳴ってきてしまうこともしばしばでした。男声版の初演前に既に、関係者の間でも「この曲は混声にした方が効果的なのでは？」という意見も出ており、私自身も、この組曲の混声版を作りたいという思いは当時から抱いていました。

その「The Premiere」での初演を、名古屋大学コール・グランツェのメンバーの何人かの方が、偶然ライヴで聴いていて気に入ってくださり、私に新作の委嘱を打診してきてくれたのですが、当時私が混声合唱において真っ先に取り組みたいことが、この『天使のいる構図』の混声版へのアレンジだったため、それをやらせてはもらえないかとお願いしたところ快諾してくださって、2011年1月の同団の第33回定期演奏会にて念願の混声版が初演され世に出る運びとなりました。

既に書き上げた自作曲を違う編成に直すという作業は私にとって初めての経験で、最初のうちは手探りで筆も遅々として進みませんでしたが、何とかアレンジが終わった部分を少しずつ送り、そのたびに団員の方から喜びとやる気に満ち満ちたコメントをいただき、その熱意に大いに発奮させられ、それを心の支えとして全曲のアレンジをしていきました。

今回の“混声版”へのアレンジにあたっては、男声版でどうしても密集してしまいがちだった言葉や音の響きを、女声を取り入れて分散させることでよりクリアなものにしようと心がけました。ピアノの入らない1，4曲目が、男声版との雰囲気の違いがより出るものになったのでは、と思います。

私自身は“混声版”初演の場に立ち会うことはできませんでしたが、準備段階でのやり取りでもひしひしと伝わってきていた合唱団のメンバーの熱意がそのまま爆発した、大変パワー溢れる熱演だったという評判を、各方面から耳にしました。この編曲の機会を与えてくださり、初演まで真摯に取り組んでくださった名古屋大学コール・グランツェの皆さんの並々ならぬ情熱に敬服し、心より感謝すると共に、幸せな機会を得て誕生したこの“混声版”が、今後様々な合唱団によって広く歌われていったならば大変嬉しいことです。

そして、この合唱団を導き、共に初演まで取り組んでくださった指揮者の伊東恵司氏、ピアニストの平林知子氏、さらに出版に際しご尽力くださったカワイ出版の早川由章氏にも、心より御礼申し上げます。

2011年3月

松本　望

委嘱　混声合唱団名古屋大学コール・グランツェ
初演　2011年1月15日　三井住友海上しらかわホール
《第33回定期演奏会》
指揮　伊東恵司
ピアノ　平林知子

混声合唱とピアノのための組曲

天使のいる構図

●全曲の演奏時間＝約25分50秒

I. Prelude

谷川俊太郎 作詩
松本　望 作曲

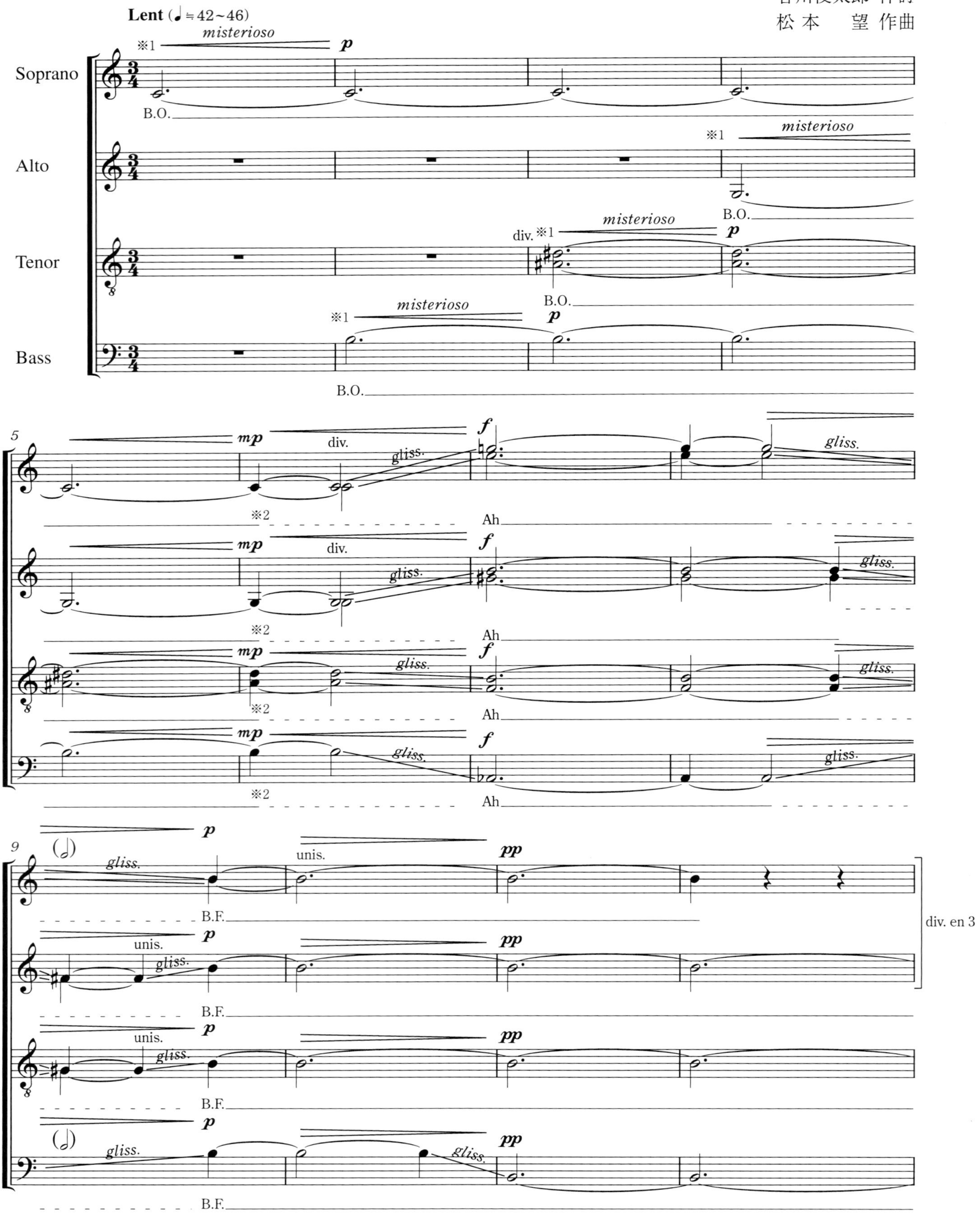

※1 fade in のように
※2 だんだん「B.O.」から「Ah」に移行する

A ——→「Ad lib.」以外のパートは、「Lent (♩≒42~46)」を保ち続けること（指定の拍数・小節数の通り）。

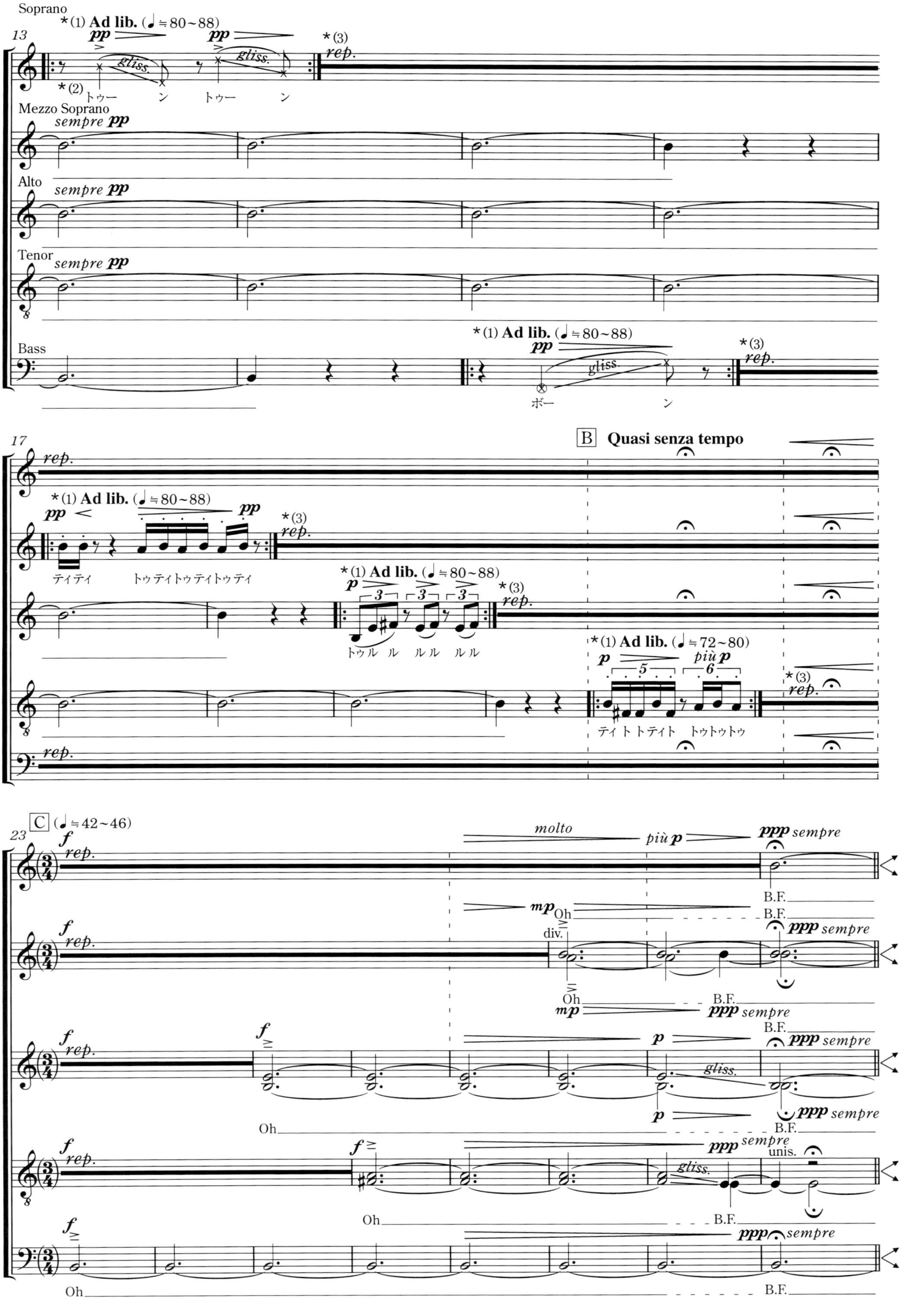

*(1)…指定のTempoの範囲内で各々任意の速さで歌う（指揮のTempoには準じない）。一人一人なるべくばらばらに歌うことが望ましい。

*(2)…音高はおおよその目安。

*(3)… *rep.* = *repeat*

D Andante (♩≒69~72)
31
Soprano solo
(B.F.)
Soprano gli-altri
(B.F.)
Mezzo Soprano solo
p dolce, espress.
(B.F.)
そ れ を み わ け
Mezzo Soprano gli-altri
(B.F.)
Alto solo
p dolce, espress.
(B.F.)
み わ け
Alto gli-altri
(B.F.)
Tenor solo
p dolce, espress.
poco
な に が て ん し か ら の お く り も の か
Tenor gli-altri
(B.F.)
Bass solo
(B.F.)
Bass gli-altri
(B.F.)

36
Ah
Ah
る ことが できるだろ う か
Ah
る ことが できるだろ う か

41
E
f espress.
ほ が ら か な こ こ ろ で も
mf espress.
お か し で も
f
ほ が ら か な こ こ ろ で も
ppp
B.O.
f espress.
ほ が ら か な こ こ ろ で も
ppp
B.O.
mp espress.
ほ し で も な く ー
f
ほ が ら か な こ こ ろ で も
ppp
B.O.
p espress.
は な で も な く ー ー
f
ほ が ら か な こ こ ろ で も
ppp
B.O.

46
mp pp mp pp
な く ー ー
B.O.
mf mp pp mp pp
div.
Oh
B.O.
mp pp mp pp
な く ー ー
B.O.
mf mp pp mp pp
Oh
B.O.
mp pp mp pp
な く ー ー
B.O.
mf mp pp mp pp
div.
Oh
B.O.
mp pp mp pp
な く ー ー
B.O.
mf pp mp pp
div.
Oh
B.O.
mp pp mp pp
な く ー ー
B.O.
mf pp mp pp
div.
Oh
B.O.

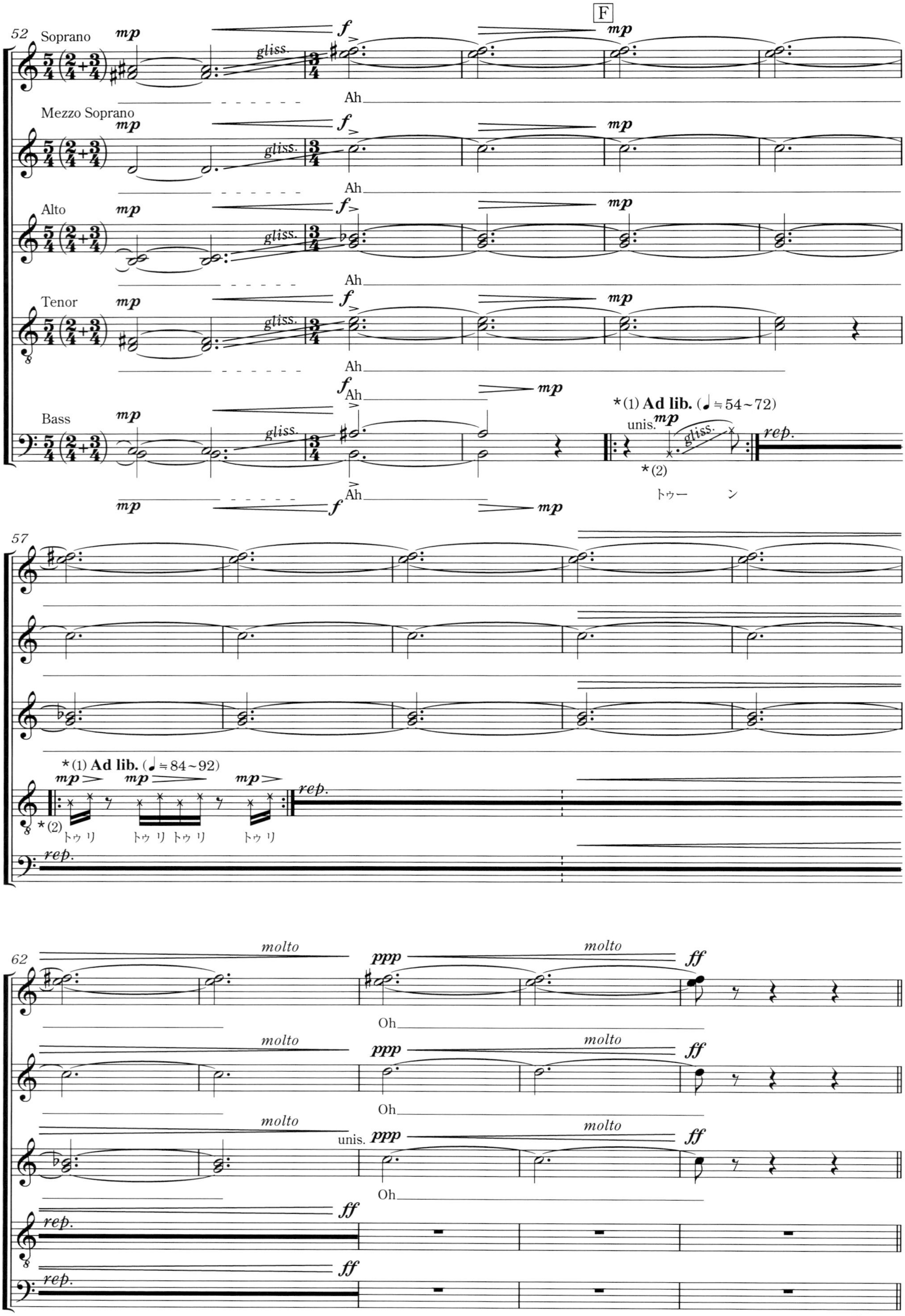

*(1)…指定のTempoの範囲内で各々任意の速さで歌う（指揮のTempoには準じない）。
一人一人なるべくばらばらに歌うことが望ましい。

*(2)…音高はおおよその目安。

attacca
（→２曲目へ）

Ⅱ. Capriccio

谷川俊太郎 作詩
松本　望 作曲

12
p
mf
B
どろだらけ で ー きのう
つばさは どろだらけ で ー ー きのう
mp
mf
mp leggero
どろだらけ で モーツァルトのソナタの
つばさは どろだらけ で ー ー きのう
(8va)
cresc.
15
すみっこ に ゆうやけ ぐもの うえ に
すみっこ にいた ー きょう ゆうやけぐも
すみっこ にいた ー きょう ゆうやけぐも
すみっこ に ゆうやけぐもの うえ に ー

18
div.
ちょこん　ちょこんと　こしかけ　ていた
ちょこん　ちょこんと　こしかけ　ていた
ちょこちょこんと　こしかけ　ていた
ちょこん　と　こしかけて　いた
(8va)
poco a poco cresc
Ped.
21
(senza rit.)
pochissimo rit.
unis.
dolciss. espress.
おんなでも　おとこでも　ないにおい
dolciss. espress.
おんなでも　おとこでも　ないにおい
dolciss. espress.
おんなでも　おとこでも　ないにおい
(senza rit.)
8va
pochissimo rit.
(Ped.)
étouffez

25
a tempo
ppp
a tempo
(R.H.)
8va
p
pp sempre
(L.H.)
Ped.
(col Ped.)
C
29
unis.
p
div.
mp
べつの よのなか が あっ て ー そ
もうひとつ べつの よのなか が あっ て ー そ
この よのなか の ほかに あっ て
この よのなか の ほかに もうひ と つ あっ て
(8va)
poco

33
こ から ー てんしはきたー Ah
こ から ー てんしはきたー
Ah そ こ か ら て ん し は て ん し は てんしはき た ー
Ah そ こ か ー ら て ん し は て ん し は き た ー
(8va)
8va
D
37
Oh
なん まん ねん も なん まん ねん も か かっ て
poco
Oh
molto
più p
poco

39
p più p
とほとほと
mp p
とほとほと
p
おか
p
とほ とほ
più p
とほとほと
(8va)
mp più p
41
unis. p
mp
おかげですっかりやせこけた
p
mp
おかげですっかりやせこけた
mp
げでーすっかりやせこけた
mp
やせこけた
(8va)
mp

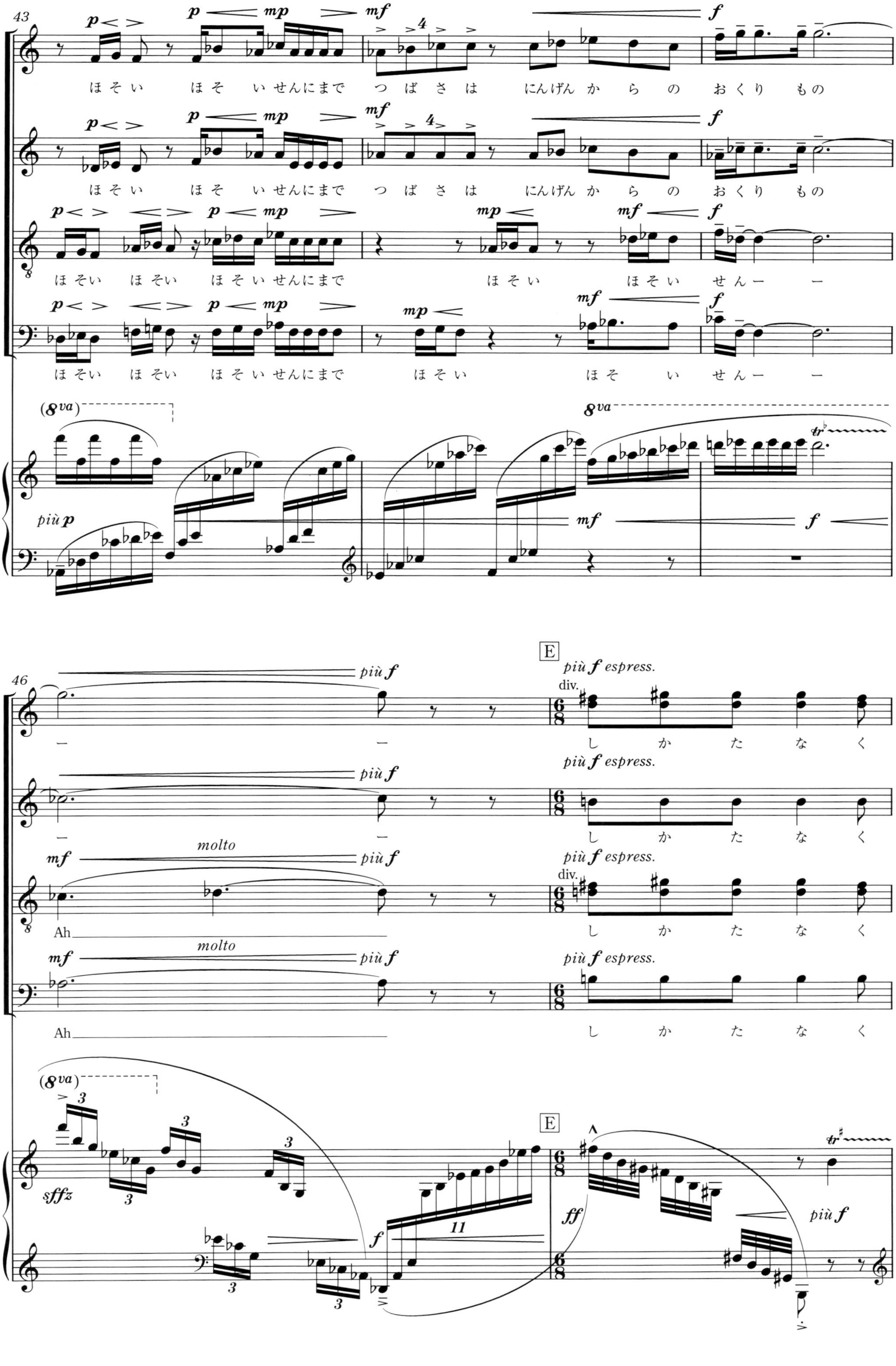
43
ほそい ほそ い せんにまで つばさは にんげんからの おくり もの
ほそい ほそ い せんにまで つばさは にんげんからの おくり もの
ほそい ほそい ほそいせんにまで ほそい ほそい せんー ー
ほそい ほそい ほそいせんにまで ほそい ほそ い せんー ー
più p
46
E
più f espress.
div.
molto
しかたなく
しかたなく
Ah
しかたなく
Ah
しかたなく
sffz
ff
più f

48
f
più f
てんしはとぶ しかたなく てんしはーー
てんしはー てんしはー とぶ しかたなく
てんしはとぶ しかたなく てんしはーー
てんしはー てんしはー とぶ しかたなく
tr
ff
più f
(molto tenuto - - - a tempo)
51
ff
とぶー Ah
div.
mp
unis.
mf
Ah
8va
più f < ff
Ped.

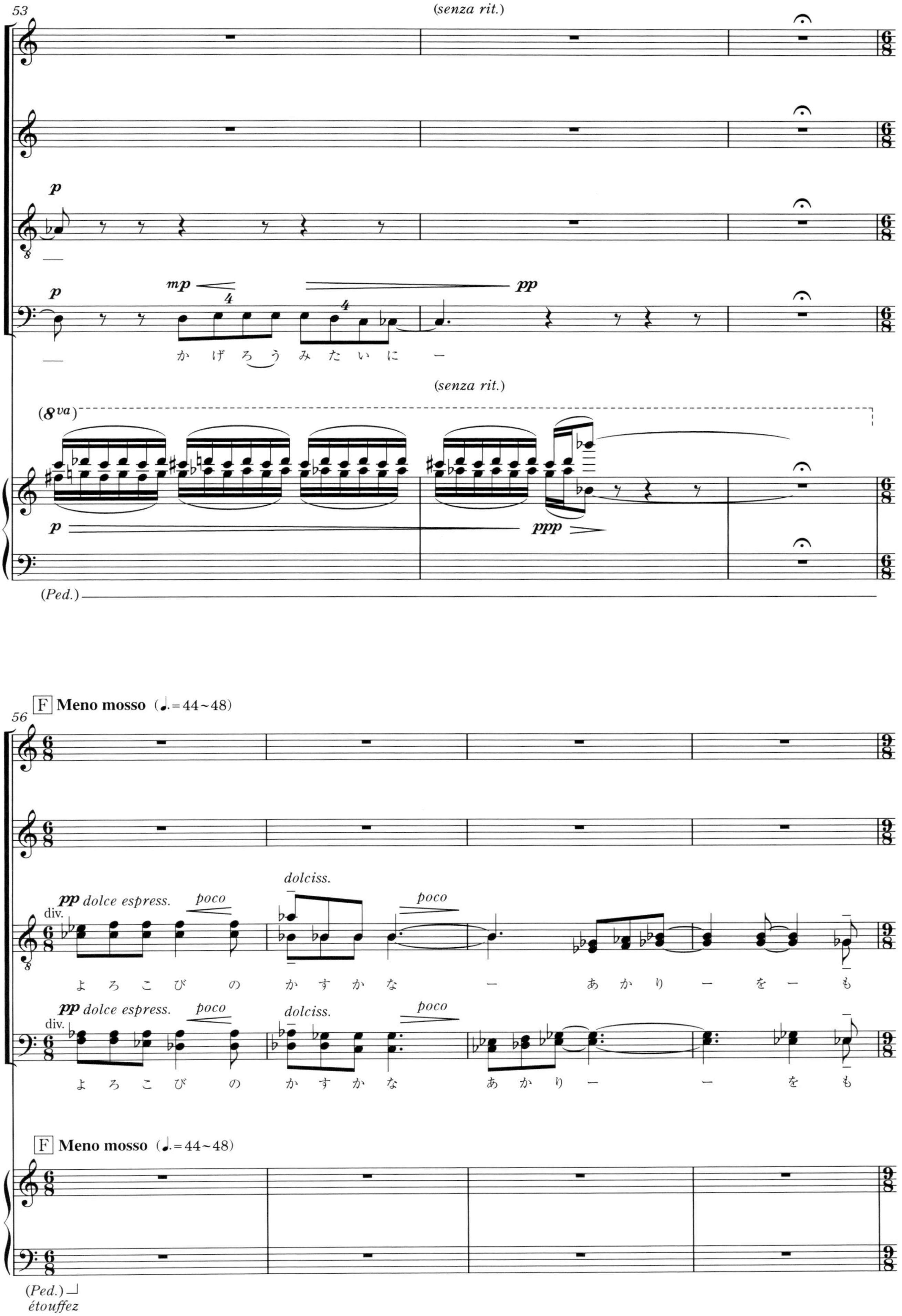
53
(senza rit.)
p
mp
pp
かげろうみたいに ー
(senza rit.)
(8va)
p
ppp
(Ped.)
56
F Meno mosso (♩.=44~48)
pp dolce espress.
poco
div.
dolciss.
よろこびの かすかな ー あかり ー を ー も
よろこびの かすかな あかり ー ー をも
F Meno mosso (♩.=44~48)
(Ped.)
étouffez

60
pochissimo rit. - - - poco accel. Tempo I° (♩.≒54)
ppp
とめて
ー
ppp
とめて
ー
pochissimo rit. - - - poco accel. Tempo I° (♩.≒54)
8va
(R.H.)
pp sempre
(L.H.)
pp sempre, dolce
Ped.
63
G
p dolce, très léger
unis.
3
としおいた きのねんりんに まぎれ ー こいぬのひとみ に ひ そ み
mp pp
unis. p
まぎれ こいぬのひとみ に ひ そ み
mp pp
(8va)
G
sempre pp
(col Ped.) p
mp
ppp
(Ped.) étouffez

67
H
poco a poco rit. - - - - - - - - poco accel. - - - - - a tempo
più p (ad lib.)
unis.
div.
mp
かくれんぼ していた あの てんし
mp
mp
てんし
H
poco a poco rit. - - - - - - - - poco accel. - - - - - a tempo
(8va)
ppp
poco
pp dolce
8va
(col Ped.)
71
unis. pp
ppp perdendosi
あの てんし ー
(8va)
(8va)
dim. - - - - - - - - - ppp
pppp
(Ped.)
étouffez
(col Ped.)
Ped.

Ⅲ. Tempestoso

谷川俊太郎 作詩
松本　望 作曲

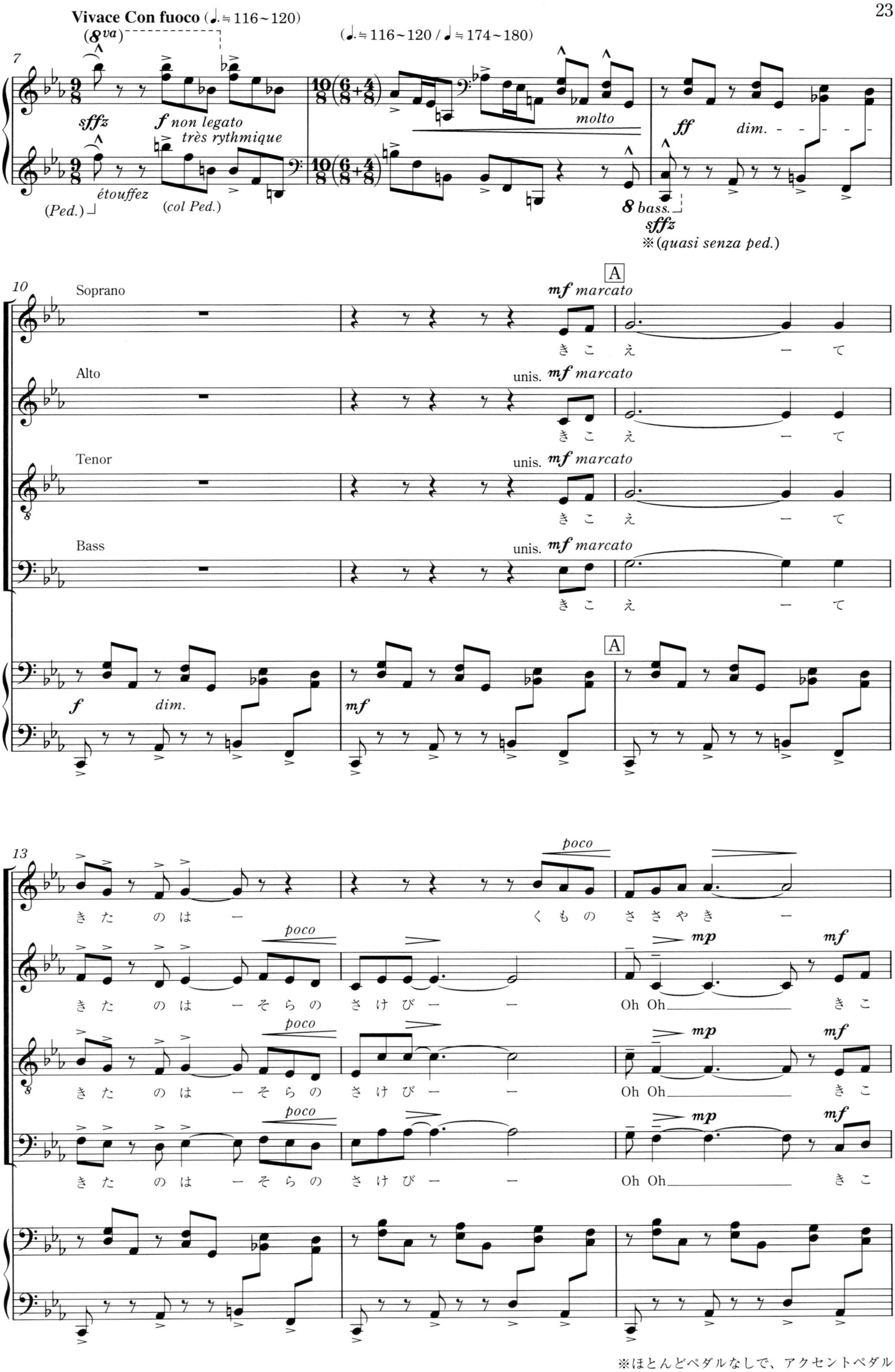

※ほとんどペダルなしで、アクセントペダルのみ使うぐらいで。

16
mp
mf
Oh Oh ひ と び と の ー ー こ え に
え ー て き た の は ー ひ と び と の ー
え ー て き た の は ー ひ と び と の ー
え ー て き た の は ー ひ と び と の ー

19
f
mf
な ら ぬ ー ー こ え に こ え に な ら ぬ つ ぶ や き ー ー そ れ だ
こ え に な ら ぬ ー Ah こ え に な ら ぬ つ ぶ や き ー ー そ れ だ
div.
こ え に な ら ぬ ー Ah こ え に な ら ぬ つ ぶ や き ー ー そ れ だ
こ え に な ら ぬ ー こ え に な ら ぬ つ ぶ や き ー ー そ れ だ

22
più f
け
B
p
Ah
unis. mp espress.
ほほえみで
f
sffz
8 bass.
poco dim.
p dolce
mp
(col Ped.)
26
mp
できるーと おもったーー
つたえることが できるーと おもったーー
p
だまって いてもーー
mp
Oh

29
mp
できると　おもったー　ー
mf
mp
だまっていても　ー　ー　ー　ー
mf
mp
だまっていても　ー　ー　ー　だまーって
mf
mp
だまっていても　ー　ー　ー　だまーって
mp
32
p
ー　ー　それが　それが　それが
p
ー　ー　それが　それが　それが
p
mp
いてもー　ー　それが　それができないと　ー　ー
p
mp
いてもー　ー　それが　それがー　できないと　ー
p
poco - - - a - - - poco - -

35
mf
f
できないと　しっ　て
なぐっ　たー　ー
div.
できないと　しっ　て
なぐっ　たー　ー
più f
できないと　しっ　て
なぐっ　たー
なんどもなんども
cresc.
sfz
8 bass.
37
più f
なぐっ　たー　ー
unis.
ff
なぐっ　たー
なんどもなんども
più f marcato
いいわるいはしらない
mf

40
C
ff
きこえ ー て きた のは ーそらの
きこえ ー て きた のは ー
div.
きこえ ー て きた のは ー
きこえ ー て きた のは ー
molto
(col Ped.)
8 bass.
sfz
43
sub. mp
さけびー ー ー ー ひと びとのー ー
さけびー ーくもの ささやき
unis.
さけびー ーくもの ささやき こえにならぬ
さけびー ーくもの ささやき こえにならぬ
sub. mp

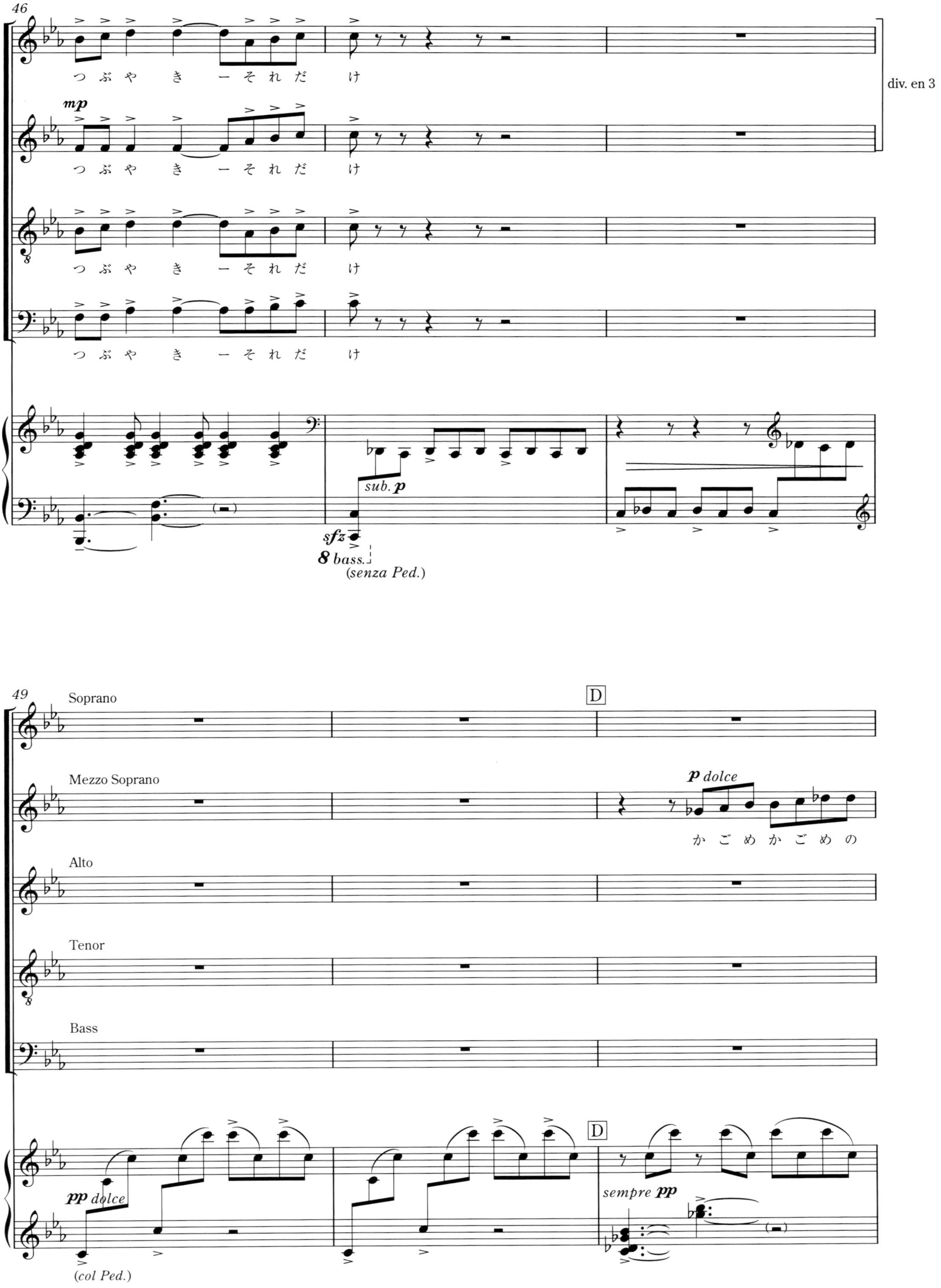
46
mp
つぶやきーそれだけ
つぶやきーそれだけ
つぶやきーそれだけ
つぶやきーそれだけ
div. en 3
sub. p
sfz
8 bass.
(senza Ped.)
49
Soprano
Mezzo Soprano
Alto
Tenor
Bass
D
p dolce
かごめかごめの
pp dolce
(col Ped.)
D
sempre pp

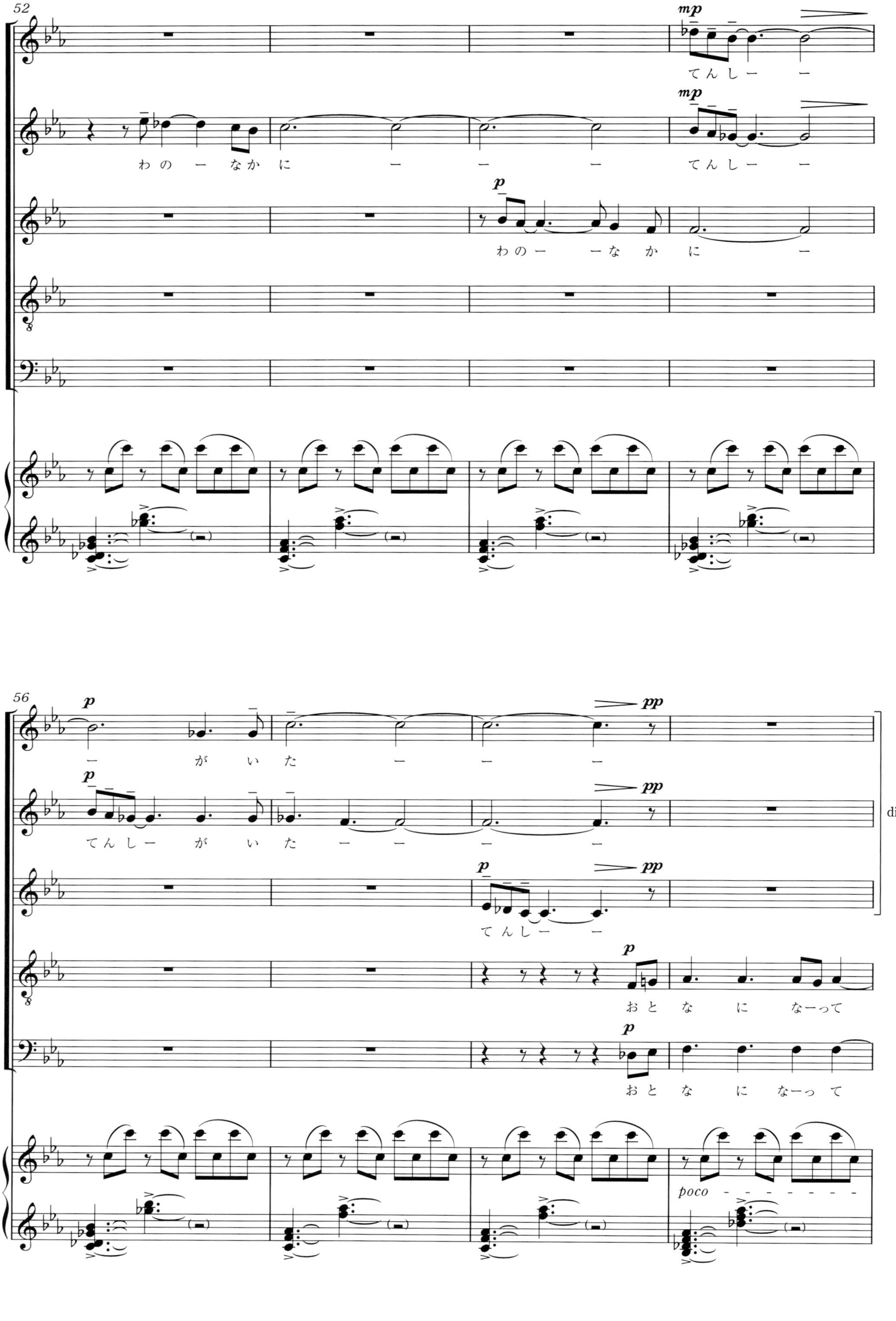
52
mp
てんしー ー
mp
わのーなかに ー ー ー てんしー ー
p
わのー ーなかに ー
56
p
ー が い た ー ー ー
pp
p
てんしー が い た ー ー ー ー
pp
p
てんしー ー
pp
div. en 2
p
おとな に なーって
p
おとな に なーっ て
poco

60
Soprano
mp
もう てんしは どこにも
Alto
Tenor
mp
ー おもいだしたとき ー ー どこにも
Bass
mp
ー おもいだしたとき ー ーおもいだしたとき Oh
a poco cresc.
63
mf mp
いなかった ー ー
mf
もう
f
てんしは いな
mp
どこーにも
mf
いなかった ー
f
てんしは いな
mf mp
いなかった ー ー ー
mf
どこにも
f
てんしは いな
mf mp
いなかった ー ー
mf
どこにも
f
てんしは いな
mf
f

66
dolce espress.
E
mf
mp
p
かっ たー Ah
かっ たー
mp dolce espress.
かっ たー あ い され た ーも の
mp dolce espress.
かっ たー あ い され た ーも の
E
molto
p dolce
69
mf
mf
p
あいをうたがい
Oh
mp
あいするもの の の
mf
あいをうたがい
mf
p
Oh
mf
あいを うたがい
びじゅつ
mf
あいを うたがい
びじゅつかんは
は
は
mf

72
sub. mp molto marc.
かみの にすがた であふれて にすがた で
sub. mp molto marc.
かみの にすがた であふれて にすがた で
mp molto marc.
かんはー Oh かみの にす
mp molto marc.
ー Oh かみの にすがた ー かみ
marc., très rythmique
sub. mp
75
(pochissimo riten. -
あふれて あふれて かみの にすがた であふれて い
あふれて あふれて かみの にすがた であふれて い
がたで Oh かみの にすがた であふれて い
の にすがた で かみの にすがた であふれて い
(pochissimo riten. -
sffz
(Ped.)
étouffez

- - - a tempo)
78
più ff
div.
た
- - - a tempo)
ff
marc.
sffz
8 bass.
Ped.
81
F
mf molto marc.
unis.
あいしたかったどうやっていのりた
あいしたかったどうやっていのりたかっただれにむ
いのりたかっただれにむかってあいしたかったどうやって
いのりたかっただれにむかってあいしたかった
(ad lib.)
8va
sempre più f
très rythmique
sec.
(8 bass.)
étouffez
(Ped.)

85
かっ ただれにむ かっ てあいした かっ た どう やっ ていのりた
かっ てあいした かっ た どう やっ ていのりた かっ ただれにむ
いのりたかっ た だれにむかっ て あいしたかっ た どうやっ て
どうやっ て いのりたかっ た だれにむかっ て あいしたかっ た
(8va)
7

89
G
かっ ただれにむ かっ てあいした かっ た どう やっ ていのりた
かっ てあいした かっ た どう やっ てい の り た かっ ただれにむ
いのりたかっ た だれにむかっ て あいした かっ た どうやっ て
どうやっ て いのりたかっ た だれにむ かっ て あいしたかっ た
G
(8va)
very fast
12

93
poco
かっ た だ れ に む かっ て あ い し た かっ た ど う やっ て い の り た
poco
かっ て あ い し た かっ た ど う やっ て い の り た かっ た だ れ に む
poco
い の り た かっ た だ れ に む かっ て あ い し た かっ た ど う やっ て
poco
ど う やっ て い の り た かっ た だ れ に む かっ て あ い し た かっ た
(8va)
very fast 12
mp
sub. più f
mp
poco

97
a - - - poco - - - cresc.
かっ た だ れ に む かっ て あ い し た かっ た ど う
a - - - poco - - - cresc.
かっ て あ い し た かっ た ど う やっ て い の り た
a - - - poco - - - cresc.
い の り た かっ た だ れ に む かっ て あ い し た かっ た
a - - - poco - - - cresc.
ど う やっ て い の り た かっ た だ れ に む かっ て
8va
a - - - poco - - - cresc.
ff

100
f
cresc.
やって いのりたかった だれにむかって あいしたかった どう
かった だれにむかって あいしたかった どう やって だれに
どうやって いのりたかった だれにむかって あいしたかった
あいしたかった どう やって いのりたかった だれにむかって
(8va)
very fast
(R.H.)
(L.H.)
sffz
104
ff
(G.P.)
12/8 (4/8×3)
10/8
H
どうやって
più p
Hum.
p espress.
あしのしたに
mf
p dolce
(col Ped.)

107
p
più p
mf
mp
Oh Oh
Hum.
なにが あっ たのか ー
たんぽぽのはな
あたまの う え に
なにが あっ たのか ー
p espress.
たんぽぽのはな
あたま のうえ になにが あっ たのか ーなにが
111
p marc.
した に あるもの を ふみにじり ー うえ
ふみにじり ー うえ
ー ー
ふみにじり
あっ たのか ー
ふみにじり
poco - - a - - poco - - -
(quasi senza Ped.)

114
にあるものに あこがれて
にあるものに あこがれて
ーうえにうえに あこがれて
ーうえにうえに あこがれて
div.
mf
f
cresc.
più f
8 bass.
117
mp marc.
てんしは いつだって めを そらした ーきこ
unis.
てんしは いつだって めを そらした ーきこ
てんしは いつだって めを そらした ーきこ
てんしは いつだって めを そらした ーきこ
ff
molto

120
I
え ー て きた のは ーそらの さけびー ー
え ー て きた のは ー さけびー ーくもの
unis.
え ー て きた のは ー さけびー ーくもの
え ー て きた のは ー さけびー ーくもの
I
ff
sfz
(col Ped.)
8 bass.
123
J
mp marc.
ー ー できない こころに
sub. mp marc.
ささやき なづけることのー できない こころに
mp marc.
ささやき できない こころに
sub. mp marc.
ささやき なづけることのー できない こころに
J
sec.
sfz
sub. p
8 bass.

126
mp
mf
f
もみくちゃに もみくちゃに だれがー すきか
div.
unis.
もみくちゃに され もみくちゃに され だれがー すきか
もみくちゃに もみくちゃに だれが だれが すき
もみくちゃに され もみくちゃに され だれが だれが すき

129
più f
ff
sempre fff
なにがー きらいかも わからなくなっ たと きー
div.
unis.
なにがー ーーきらい わからなくなっ たと きー
か なにがきらいかも わからなくなっ たと きー
か なにが ーきらい わからなくなっ たと きー
sempre ff très violent

※×は無声音で。
最も低い音のイメージで。

Ⅳ. Intermezzo

谷川俊太郎 作詩
松本　望 作曲

pochissimo rit. - - - a tempo
7
もの は どこ に も な く て ー ー Oh B.F.
もの Oh な く どこ に も な く て ー ー Oh B.F.
どこ に も な く どこ に も な く て ー Oh
11
A
Alto
まちかど にも へ やのなかにも すきな も の があーっ て
へ やのなかにも すきな も の ーすきなもの が
すきな も の ーすきなもの が
のはらにも うみべに も ー Oh すきな も の があーっ て
14
Soprano
で も しぬほど すき な もの は どこにもなくて ー
Alto
ー ー で も しぬほど すき な もの は Ah
Tenor
unis.
あーっ て で も しぬほどすき な もの は Ah どこにも
Bass
ー ー で も Oh Hum. Ah どこにも

17
(♪=♪) pp dolciss.
(♪=♪)
pochissimo rit.
p
più pp
よるをてんしと ねむーっ た ー
よるをてんしと ねむーっ た ー Ah
なくて ー ー よるをてんしと ねむーっ た ー
なくて ー ー ー よるをてんしと ねむーった
20
B a tempo
poco - - - - a - - - - poco - - - - stringendo - - -
mf
mp
div.
すなに すいこまれたかーっ た ーだかれ
すなに すいこまれたかーっ た
そらに とけ たかっ た ー ー Ah Ah
やまにだかれたかっ た ー Ah とけ たかっ た Ah だかれとけ
23
(stringendo) - - - - - - - Più animato (𝅗𝅥≒46~48)
poco riten.
f
più f
とけ ー だかれ ひ とのかたちをすてて ー Ah
ー すいこまれだかれ ひ とのかたちをー かたちをすてて ー ー ー
すいこまれたかーっ た ひ とのかたちをすてて ー ー ー
すいこまれたかーっ た ー Ah かたちをすてて ー

a tempo (𝅗𝅥≒48)
poco rit.
26
f dolce
mf
mp
ほ ん のいっ しゅん ー
てんしになーっ たことが
あーっ た
ほ ん の いっ しゅん てんしになーっ たこと が あーっ た
ほ ん の いっ しゅん てんしになーっ たことが あーっ た ー
ほ ん の いっ しゅん てんしになーっ たこと が あーっ た
C Poco meno mosso (𝅗𝅥≒44)
29
pp
pp quasi pizzicato
B.F.
PonPonPonPon PonPonPon Pon PonPonPonPon
unis.
p
B.F. いっ てしまっ
B.F.
p espress.
B.F. ひとはみな せをむけて どこかとおくへいってしまった
32
poco rit.
mp
PonPon たぶんもりのなかへ ー ー
div.
た Oh Oh
molto
た ぶ ん ふ か い も り も り もりのなかへー もりのなかへ
Oh もりのなかへー Oh

poco meno mosso - - - - - - - - a tempo (𝅗𝅥≒44) rit. - - - - - - - molto - - - -
(quasi recitativo)
34
più p dolce espress.
てんしにたよらずに
かんがえる ため に
div.
unis. più p dolce espress.
てんしにたよらずに
かんがえる ため に
pp
unis. più p
ー
ため に
pp
più p
ー
ため に
D Tempo I° (𝅗𝅥≒40)
36
più pp dolciss.
B.F.
più pp dolciss.
B.F.
pp dolciss. espress.
ゆうぞらに ただよっ て い た ー
div. pp dolciss. espress.
みみ にしたしい メロディ だけ が
unis.
ゆうぞらに ただよっ て い た ー
più pp dolciss.
B.F.
(B.F.)
39
pp poco
つかのまの やすら ぎ ー ー
E
pp
unis. pp poco
つかのまの やすら ぎ ー ー
p espress.
そらに
pp poco
つかのまの
p espress.
やまにだかれたかっ た ー
pp poco
つかのまの
più p > pp
やすらぎ ーOh
B.F.

poco - - - - - - - - - - - - a - - - - - - poco - - -
42
mp
すなに
すいこまれたかーっ た
mf
すいこまれたかーっ た
mp
とけ たかっ た ー
Oh
すいこまれ たかーっ
た
div.
mf mp
Ah
p
ー とけ たかっ た
Oh
すいこまれ たかーっ
た
ー とけ たかっ た
Oh
すいこまれ た かーっ
た
だかれ
stringendo - - - - - - - - - - - - - - - - - - - poco riten. - - Più animato (♩=46~48)
poco a poco cresc. - - - - - - - - - - - - - - - - - -
45
div.
f
più f
ー
ー
Ah
ひとのかたちをすてて
unis.
だかれ とけ たかっ た ー
ひとのかたちを
div.
だかれとけ すいこまれ
だかれ たかーっ た
ひとのかたちをー
とけ すいこまれ だかれ とけ たかーった ー
ひとのかたちを
riten. - - - F Poco meno mosso (♩=44)
48
ff ma dolce
ー ー かたちをすてて
はだかのいのちーの
かたちを すてて
はだかのいのちーの
かたちをすてて ー すてて
はだかのいのちーの
più f
かたちをすて ーて
Ah
はだかのいのちーの

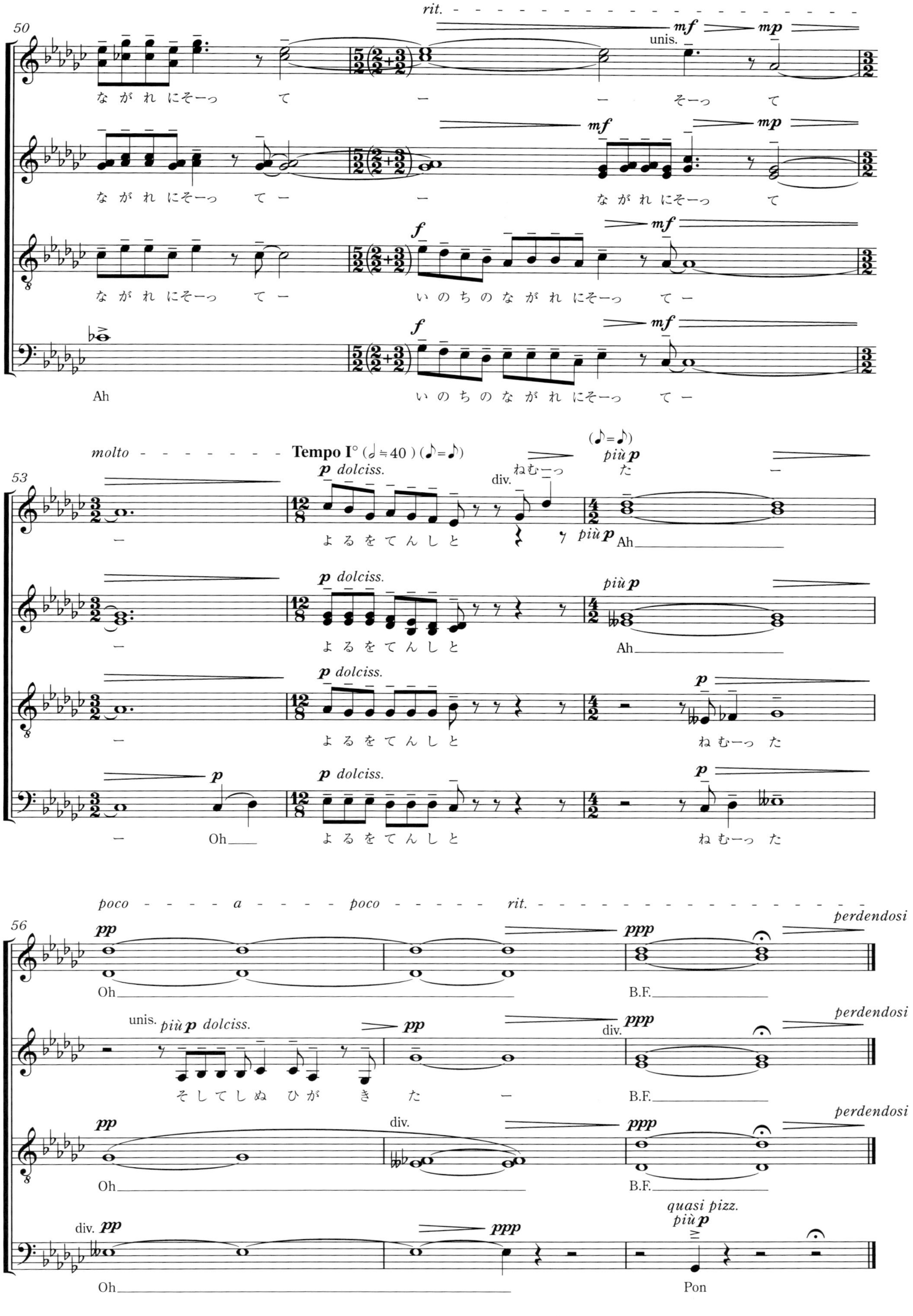
50
rit.
mf
mp
unis.
ながれにそーって
ー
ーそーって
ながれにそーってー
ー
ながれにそーって
f
ながれにそーってー
いのちのながれにそーってー
Ah
いのちのながれにそーってー
53
molto
Tempo I° (𝅗𝅥≒40) (♪=♪)
(♪=♪)
p dolciss.
div.
ねむーっ
più p
たー
よるをてんしと
Ah
Oh
ねむーった
56
poco a poco rit.
perdendosi
pp
ppp
unis.
più p dolciss.
そしてしぬひがきたー
B.F.
Oh
div.
quasi pizz.
Pon

V. Finale

谷川俊太郎 作詩
松本　望 作曲

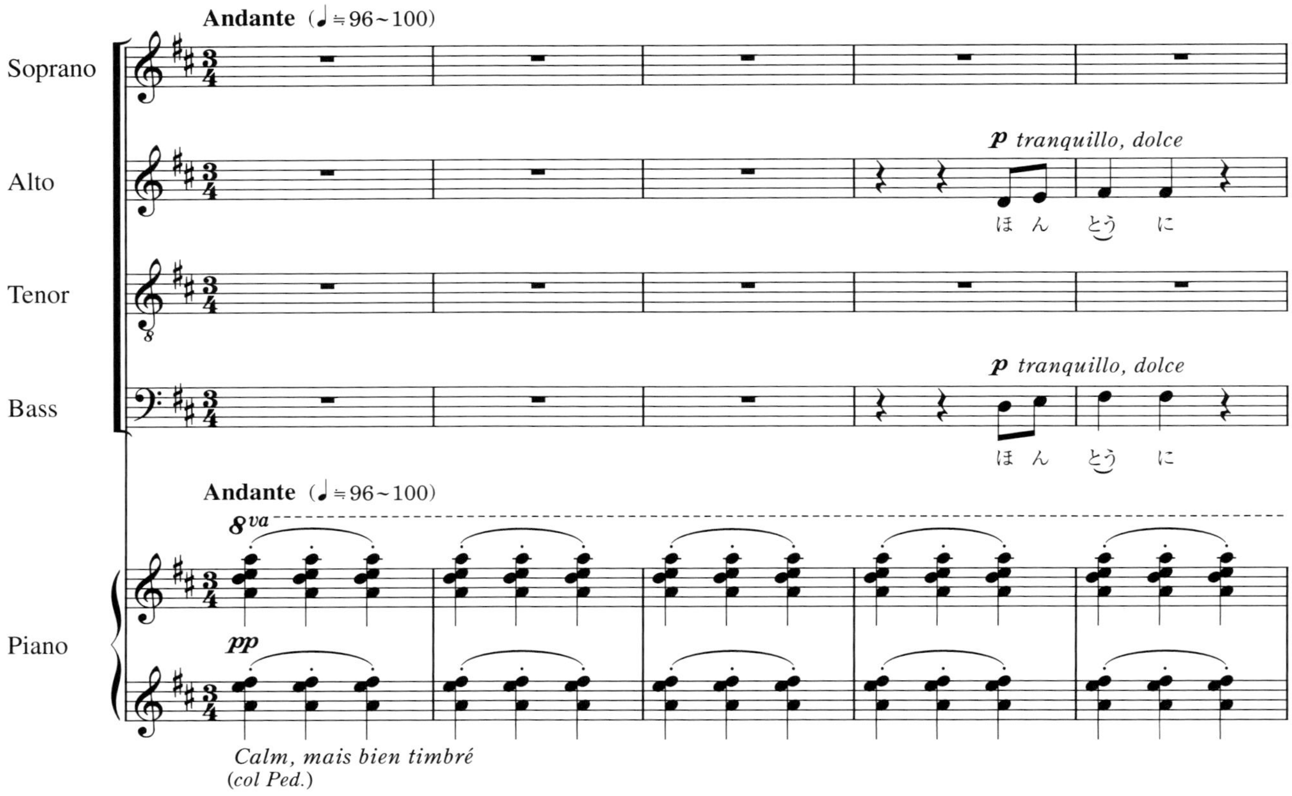

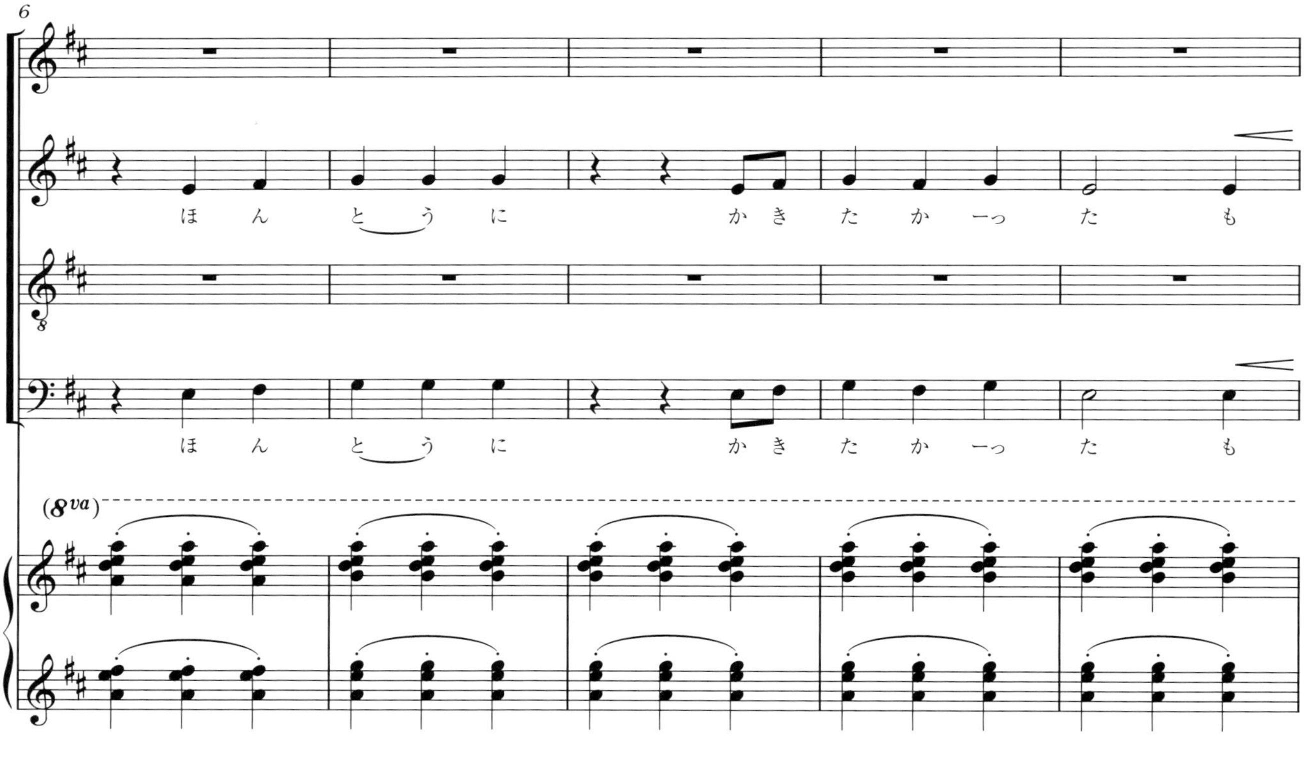

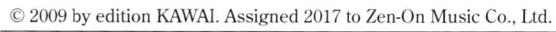

11
p mp
けっ し て こ と ば に
poco
mp
の は ー けっ し て こ と ば に ー
p mp
けっ し て こ と ば に
poco
mp
の は ー けっ し て こ と ば に ー
(8va)
16
p
ー で き な かっ た も の ー
p
ー ー で き な かっ た も の ー ー
p
p poco
ー で き な かっ た も の ー す ず を
p
p poco
ー ー で き な かっ た も の ー ー す ず を
(8va)

21
A
più p dolce
poco
Ah
Hum.
poco
あかんぼが
つけたてんしにくすぐられて　あかんぼが
poco
つけたてんしにくすぐられて　あかんぼが
poco
(8va)
A
mp
pp
mp
8 bass.
26
p
mp
かぜにあたまをなでられ
わらうー
p
あたまを
な
p
わらうー
な
わらうー
(8va)
pp
mp
pp
pp
8 bass.

31
p
てー はなが うなずく
mp
でられて はなが うなずく
mp
でられて はなが うなずく
mp
p
なでられて うなずくー
(8va)
p
8 bass.
8 bass.
36
sub.mp
B
ーどこまで あるきつづけれ ば
sub.mp
ーどこまで あるきつづけれ ば
mp
ーどこまで あるきつづけれ
mp
ーどこまで あるきつづけれ
(8va)
B
p
mp
(col Ped.)

41
div.
よ か ーっ た の か ー し ん だ あ と が
Ah
Ah
し ん だ あ と が
ば よ か ーっ た の か し ん だ あ と が
ば よ か ーっ た の か し ん だ あ と が
46
unis.
う ま れ る ま ー え と まあ る く わ に
う ま れ る ま え ー と まあ る く わ に
う ま れ る ま え と まあ る く
ま え と まあ る く

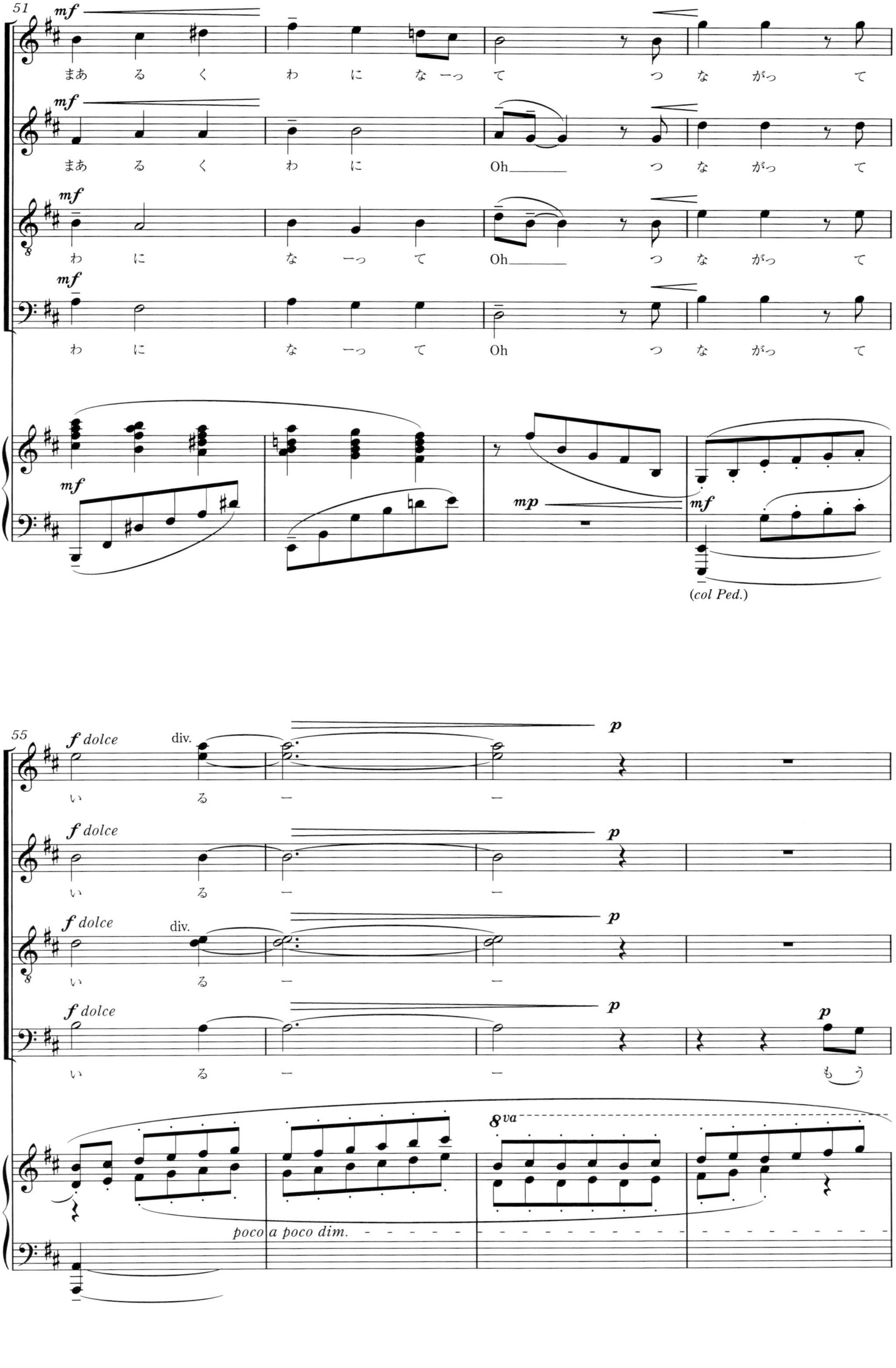
51
mf
まあ る く わ に な ーっ て つ な がっ て
まあ る く わ に Oh つ な がっ て
わ に な ーっ て Oh つ な がっ て
わ に な ーっ て Oh つ な がっ て
mp
(col Ped.)
55
f dolce
div.
い る ー ー
p
も う
8va
poco a poco dim.

59
C
unis.
più p
はなして
più p
はなして
unis. p
だまっていても
p
いくらはなし
poco
だまっていても
いい
ー
いくらはなし
C
(8va)
più p
8 bass.
poco a poco cresc.
64
mp
もどんなにうたーっても
div.
mf
f
さびしさ
もー
うたーっても
さびしさ
ても
うたーっても
さびしさ
ても
うたーっても
さびしさ
(8va)
(poco a poco cresc.)
mf

69
unis.
mf
mp
p
poco
は　きえ　なかっ　たけれ　ど　ー　ま
は　Oh　よろ　こ　び　も　ま
は　ー　ま
は　ー　よろ　こ　び　も　ま
8va
pp
(Ped.)
❇ ètouffez

74
più p
div.
rit. - - - - - - - - - - - - molto
た　き　え　さ　り　は　し　な　か　ーっ
た　き　え　さ　り　は　し　な　か　ーっ
た　き　え　さ　り　は　し　な　か　ーっ
た　き　え　さ　り　は　し　な　か　ーっ
rit. - - - - - - - - - - - - molto

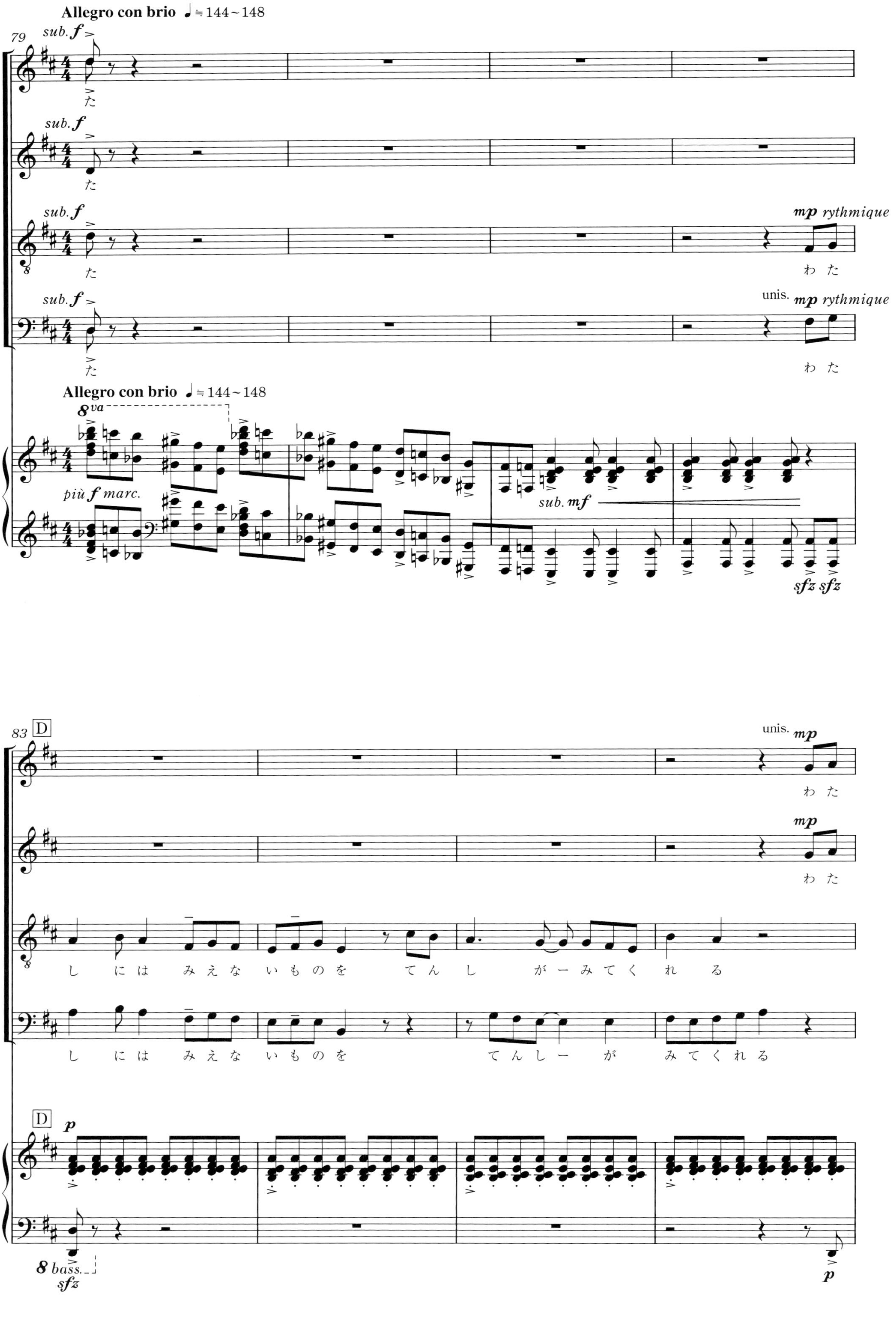
Allegro con brio ♩≒144~148
79
sub. f
た
た
た
mp rythmique
わ た
unis.
わ た
Allegro con brio ♩≒144~148
8va
più f marc.
sub. mf
sfz sfz
83 D
unis. mp
わ た
mp
わ た
し に は み え な い も の を て ん し が ー み て く れ る
し に は み え な い も の を て ん し ー が み て く れ る
D
p
8 bass.
sfz
p

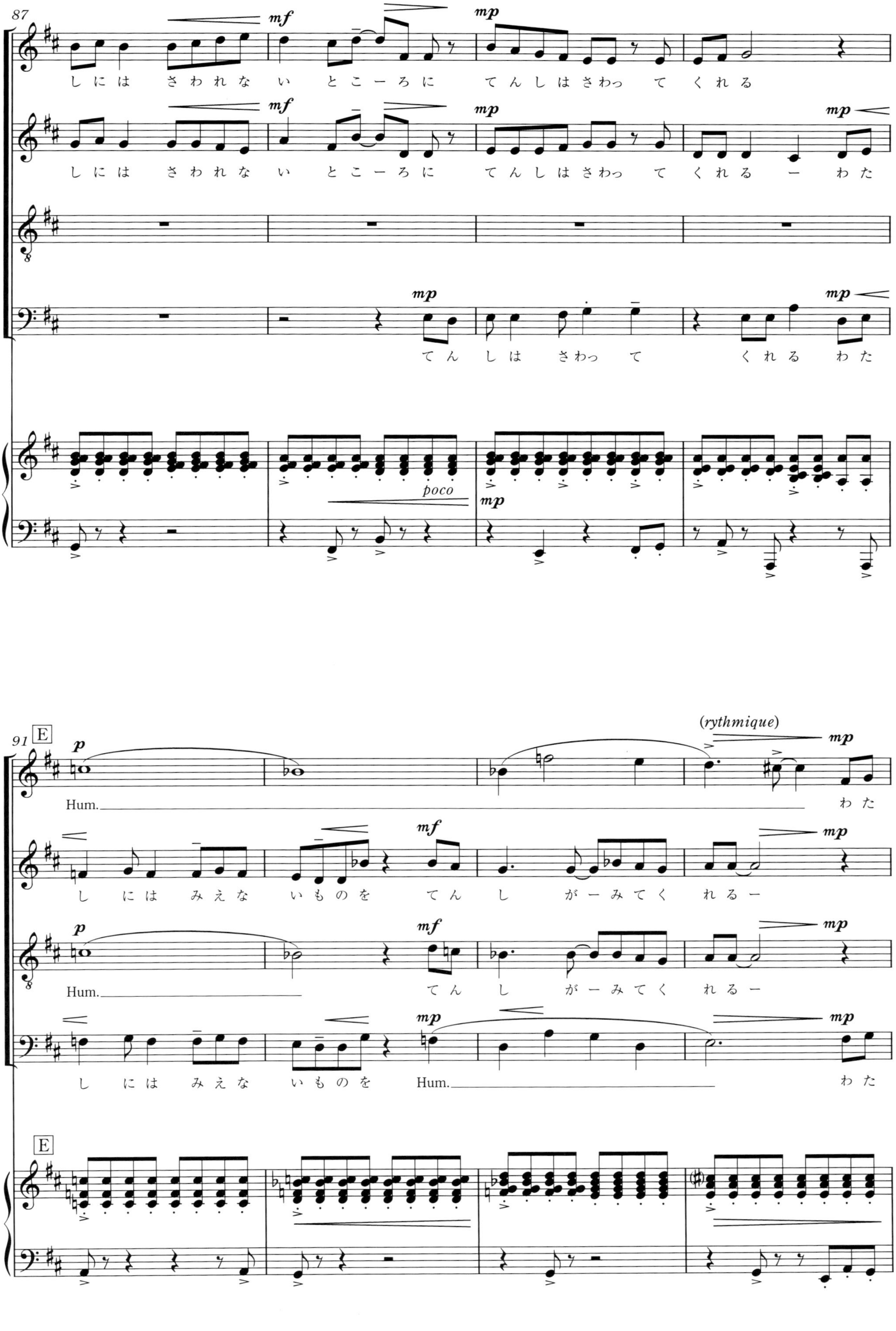
87
mf
mp
しには さわれない とこーろに てんしはさわって くれる
しには さわれない とこーろに てんしはさわって くれるー わた
てんしは さわって くれる わた
poco
91
E
(rythmique)
p
Hum.
わた
しには みえな いものを てんし がーみてくれるー
Hum.
てんし がーみてくれるー
しには みえな いものを Hum.
わた

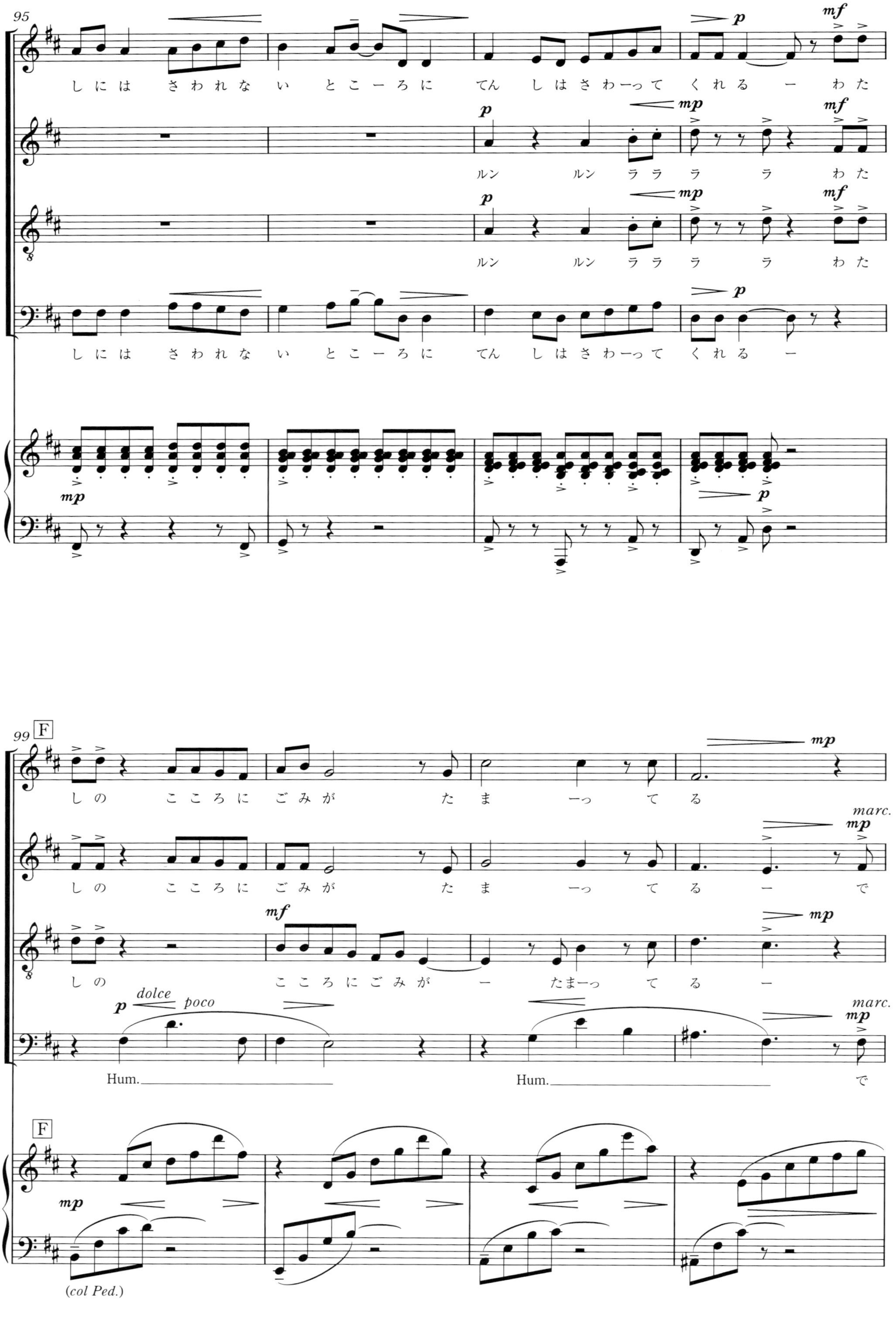
95
しには さわれない とこーろに てん しはさわーって くれる ー わた
ルン ルン ララ ラ ラ わた
ルン ルン ララ ラ ラ わた
しには さわれない とこーろに てん しはさわーって くれる ー
99
F
しの こころに ごみが たま ーっ てる
marc.
しの こころに ごみが たま ーっ てる ー で
しの こころにごみが ー たまーっ てる ー
dolce
poco
marc.
Hum. Hum. で
F
(col Ped.)

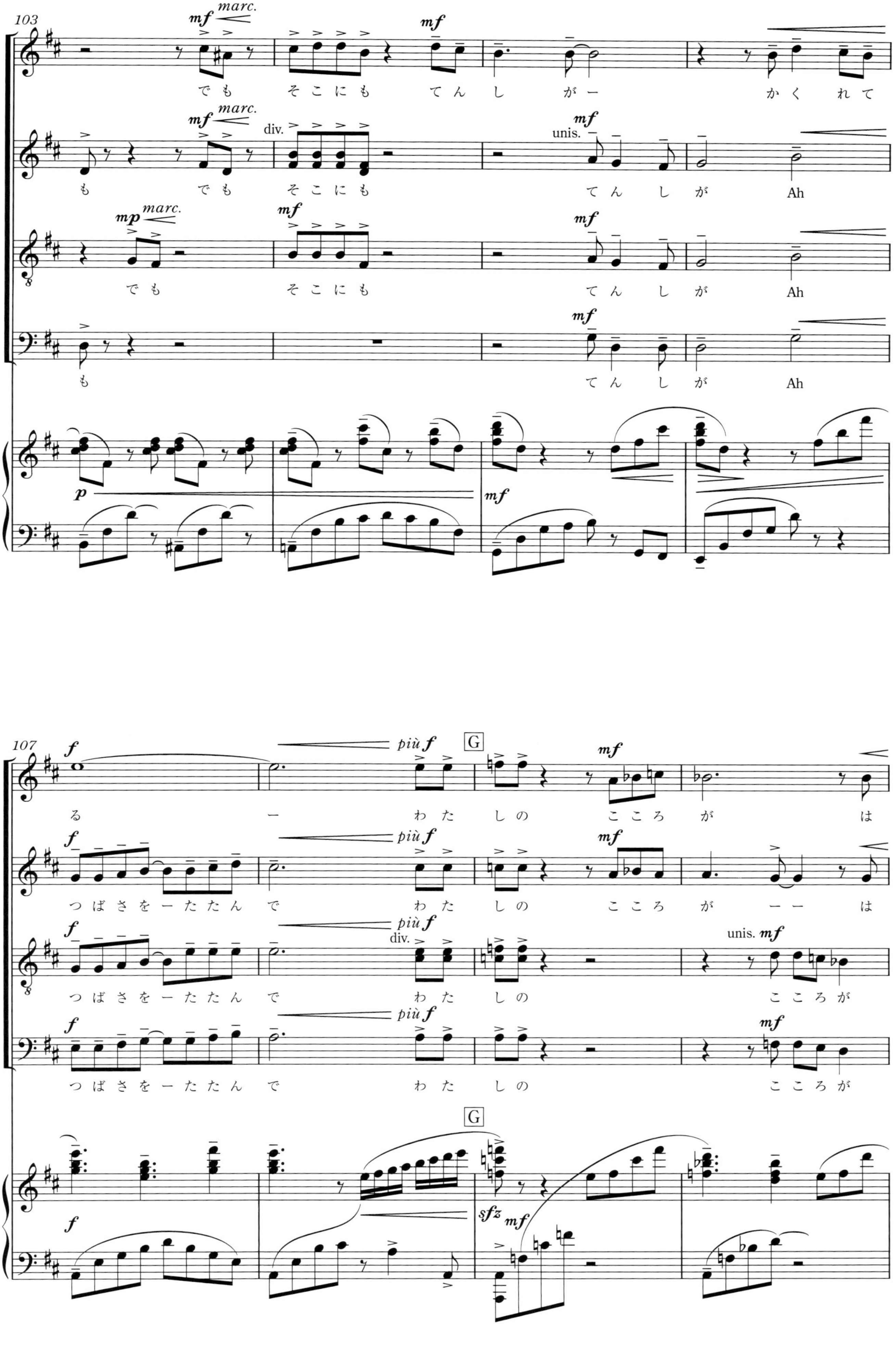
103
mf marc.
でも そこにも てんし が— かくれて
mf marc.
div.
unis.
mf
も でも そこにも てんし が Ah
mp marc.
mf
でも そこにも てんし が Ah
mf
も てんし が Ah
p
mf
107
f
più f
G
る — わたし の こころ が は
つばさを—たたんで わたし の こころ が — — は
unis. mf
つばさを—たたんで わたし の こころ が
つばさを—たたんで わたし の こころ が
sfz mf

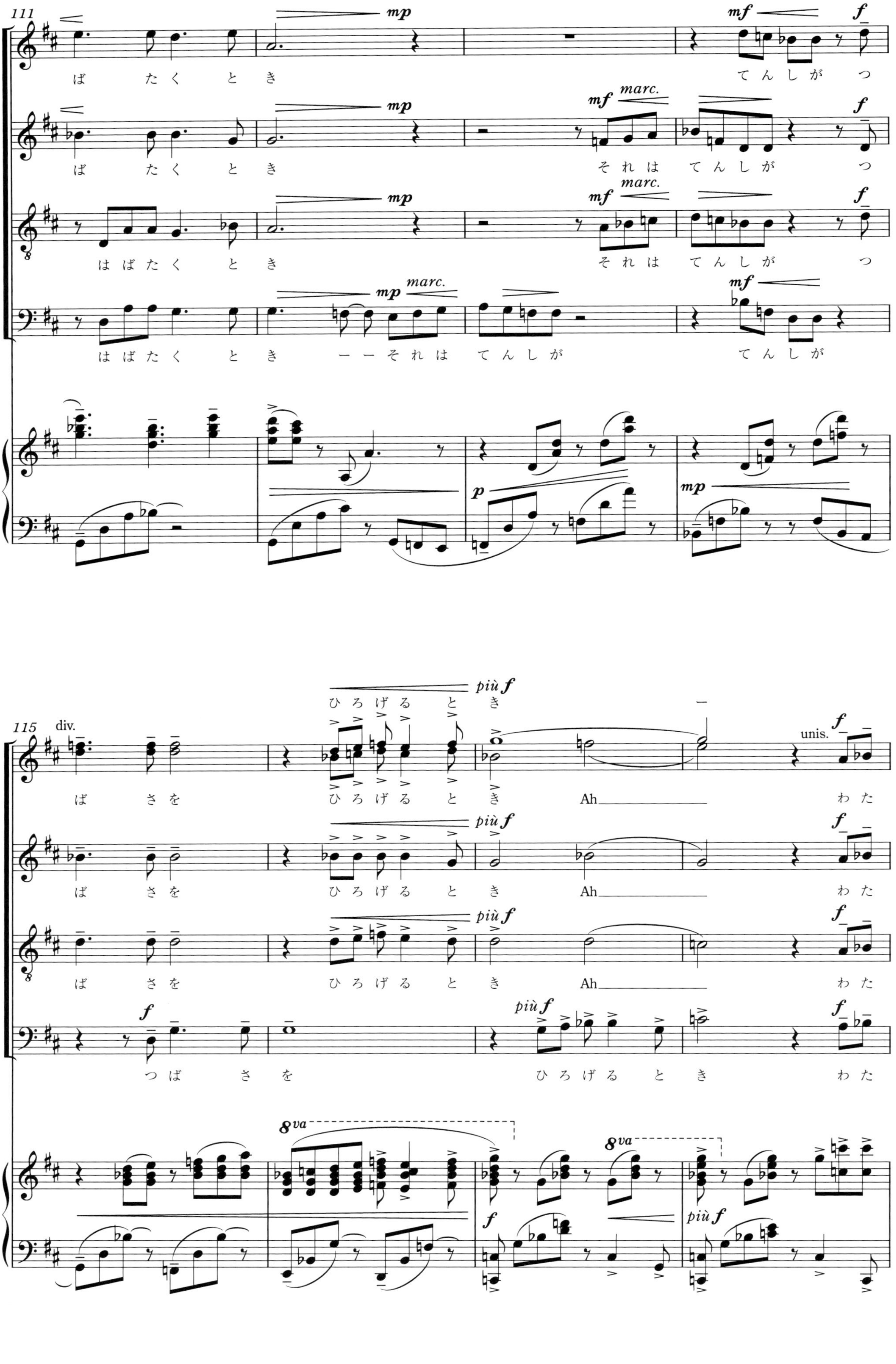
111
mp
mf
f
marc.
ばたくとき　てんしがつ
ばたくとき　それは　てんしがつ
はばたくとき　それは　てんしがつ
はばたくとき　ーーそれは　てんしが　てんしが
p
115
div.
più f
ひろげるとき
unis.
ばさを　ひろげるとき　Ah　わた
ばさを　ひろげるとき　Ah　わた
ばさを　ひろげるとき　Ah　わた
つばさを　ひろげるとき　わた
8va

119
H
し が みみを すますとき わた し が みみを すますとき それ
し が みみを すますとき わた し が みみを すますとき
し が みみを すますとき わた し が みみを すますとき
し が みみを すますとき すますとき
H
sfz f

123
は Ah だれかの なきごえに
sub.mp
f
てんしが だれかのー ー なきごえに
sub.mp
f
てんしが だれかのー
mp
mp
だれかの
f
てんしが だれかのー
mp
sub. p

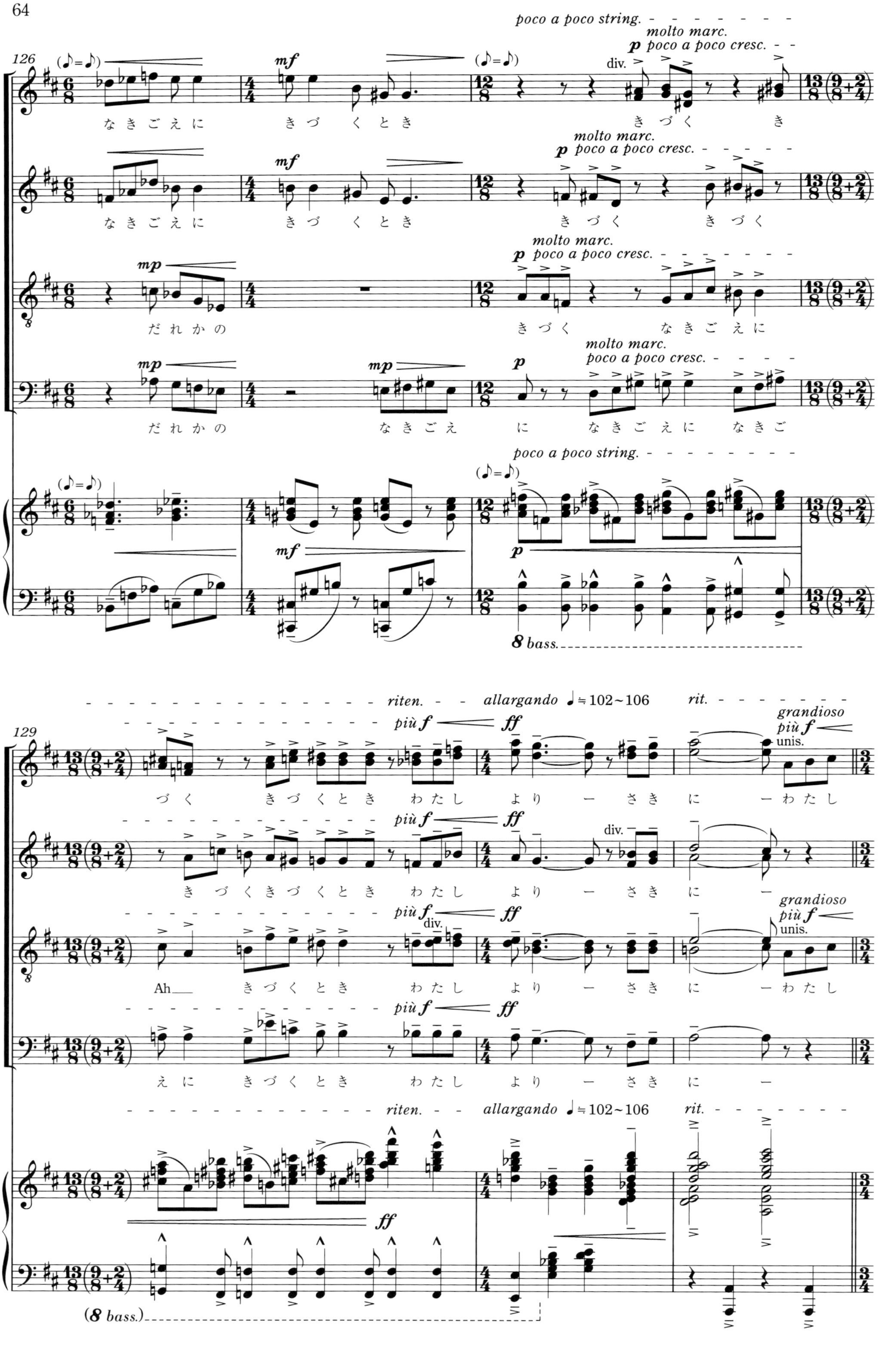
poco a poco string.
molto marc.
p poco a poco cresc.
126
(♪=♪)
mf
div.
な き ご え に　き づ く と き　き づ く　き
molto marc.
p poco a poco cresc.
mf
な き ご え に　き づ く と き　き づ く　き づ く
mp
molto marc.
p poco a poco cresc.
だ れ か の　き づ く　な き ご え に
mp
molto marc.
poco a poco cresc.
mp
p
だ れ か の　な き ご え　に　な き ご え に　な き ご
poco a poco string.
(♪=♪)
mf
p
8 bass.
riten.
allargando ♩≒102~106
rit.
129
più f
ff
grandioso
più f
unis.
づ く　き づ く と き　わ た し　よ り　ー　さ き　に　ー わ た し
più f
ff
div.
き づ く き づ く と き　わ た し　よ り　ー　さ き　に　ー
più f
ff
div.
grandioso
più f
unis.
Ah　き づ く と き　わ た し　よ り　ー　さ き　に　ー わ た し
più f
ff
え に　き づ く と き　わ た し　よ り　ー　さ き　に　ー
riten.
allargando ♩≒102~106
rit.
ff
(8 bass.)

132
I Pochissimo meno mosso ♩≒92~96
に も み え な い わ た し の ー て ん し い つ か だ れ か が
unis. f grandioso
な に が て ん し か ら の お く り も の か そ れ を み わ け
に も み え な い わ た し の ー て ん し い つ か だ れ か が
f grandioso
な に が て ん し か ら の お く り も の か そ れ を み わ け
I Pochissimo meno mosso ♩≒92~96
bien timbré, grandioso
8va
più f
8 bass.
8 bass.
8 bass.
137
sub.mp
mf
み つ け て く れ る ー わ た し の て ん し わ た
sub.mp
る こ と が で き る だ ろ う か な に が て ん し か ら の
sub.mp
み つ け て く れ る ー な に が て ん し か ら の
sub.mp
mf
る こ と が で き る だ ろ う か だ れ か が み つ け て く
(8va)
mp

142
f
ff
mf
div.
しの てんし それ は ー ー そ ー れ
おくりもの か それ は ー ー そ ー れ
おくりもの か それ は ー ー ー そ ー れ
れるだろう か それ は ー ー そ ー れ
8 bass.
(Ped.)
ètouffez
148
mp
poco
poco rit.
dolce
unis.
はーたぶん この わたしたち じ
はーたぶん この わたしたち じ
はーたぶん わたしたち じ
はーたぶん この わたしたち じ

(poco rit.) - - - - Allegro molto ♩≒152~160
153
poco
mp
mf
ー し ん ー
Ah
unis.
molto marc.
(col Ped.)
157
molto
ff
fff
div.
8 bass.
(Ped.)

V. Finale

ほんとうにかきたかったものは
けっしてことばにできなかったもの

すずをつけたてんしにくすぐられて
あかんぼがわらう
かぜにあたまをなでられて
はながうなずく

どこまであるきつづければよかったのか
しんだあとがうまれるまえと
まあるくわになってつながっている

もうだまっていてもいい
いくらはなしても
どんなにうたっても
さびしさはきえなかったけれど

よろこびもまたきえさりはしなかった

（鈴をつけた天使）

わたしにはみえないものを
てんしがみてくれる
わたしにはさわれないところに
てんしはさわってくれる

わたしのこころにごみがたまってる
でもそこにもてんしがかくれてる
つばさをたたんで

わたしのこころがはばたくとき
それはてんしがつばさをひろげるとき

わたしがみみをすますとき
それはてんしがだれかのなきごえにきづくとき
わたしよりさきに

わたしにもみえないわたしのてんし
いつかだれかがみつけてくれるだろうか

（天使、まだ手探りしている）

なにがてんしからのおくりものか
それをみわけることができるだろうか
〈はなでもなくほしでもなく
おかしでもほがらかなこころでもなく〉

それはたぶん
このわたしたちじしん……

（天使とプレゼント）

〈　〉内は付曲されていません。

Ⅳ. Intermezzo

のはらにもうみべにも
まちかどにもへやのなかにも
すきなものがあって

でもしぬほどすきなものは
どこにもなくて

よるをてんしとねむった

やまにだかれたかった
そらにとけたかった
すなにすいこまれたかった
ひとのかたちをすてて

はだかのいのちのながれにそって

（希望に満ちた天使）

ほんのいっしゅん
てんしになったことがあった

ひとはみなせをむけて
どこかとおくへいってしまった
たぶんふかいもりのなかへ

てんしにたよらずにかんがえるために

みみにしたしいメロディだけが
ゆうぞらにただよっていた
つかのまのやすらぎ……

そしてしぬひがきた

（老いた音楽家が天使のふりをする）

Ⅲ. Tempestoso

かみさま……とよびかけて
ひとをあいした

きこえてきたのは
そらのさけび
くものささやき
ひとびとのこえにならぬつぶやき
それだけ

〈みにくいてんしが
つばさをばたばたさせて
ビルのあいだをぶきようにとびまわり〉

あいされたものは
あいするもののあいをうたがい
びじゅつかんは
かみのにすがたであふれていた

（醜い天使）

ほほえみでつたえることができるとおもった
だまっていても

それができないとしって
なぐった
なんどもなんども

いいわるいはしらない

あしのしたにたんぽぽのはな

あたまのうえになにがあったのか

したにあるものをふみにじり
うえにあるものにあこがれて

いいわるいはしらない

てんしはいつだってめをそらした

（用心深い天使）

かごめかごめのわのなかに
てんしがいた

おとなになっておもいだしたとき
もうてんしはいなかった
どこにも

いのりたかった
だれにむかって？
あいしたかった
どうやって？

なづけることのできないこころに
もみくちゃにされ
だれがすきか
なにがきらいかも
わからなくなったとき

あくまがやってきた
ほほえんで

（幼稚園の天使）

天使のいる構図（「クレーの天使」より）

谷川俊太郎

Ⅰ．Prelude

なにがてんしからのおくりものか
それをみわけることができるだろうか

はなでもなくほしでもなく
おかしでもほがらかなこころでもなく

〈それはたぶん
このわたしたちじしん……〉

（天使とプレゼント）

Ⅱ．Capriccio

なんでもしってるおとななのか
むじゃきなこどもなのか

つばさはどろだらけで

きのうモーツァルトのソナタの
すみっこにいた

きょうゆうやけぐものうえに
ちょこんとこしかけていた

おんなでもおとこでもないにおい

としおいたきのねんりんにまぎれ
こいぬのひとみにひそみ

かくれんぼしていた
あのてんし

（天使というよりむしろ鳥）

このよのなかのほかにもうひとつ
べつのよのなかがあって

そこからてんしはきた
なんまんねんもかかってとぼとぼと
おかげですっかりやせこけた
ほそいほそいせんにまで

つばさはにんげんからのおくりもの

しかたなくてんしはとぶ
かげろうみたいに

よろこびのかすかなあかりをもとめて

（天使の危機Ⅰ）

混声合唱とピアノのための組曲 天使のいる構図 谷川俊太郎《たにかわしゅんたろう》 作詩／松本《まつもと》 望《のぞみ》 作曲

●発行所＝カワイ出版（株式会社 全音楽譜出版社 カワイ出版部）
〒161-0034 東京都新宿区上落合 2-13-3 TEL 03-3227-6286 ／ FAX 03-3227-6296
出版情報 http://editionkawai.jp

●楽譜浄書＝NHK ビジネスクリエイト ●印刷・製本＝平河工業社

ISBN978-4-7609-1296-4

2011年5月1日 第1刷発行
2025年1月1日 第31刷発行